COUDRIN– l'enfant noir

# LES 4 JUMEAUX MALÉFIQUE ET LES 2 ORPHELIN v3

MISE EN GARDE

les livres de la collectiON
ENFANT NOIR peuve contenir
des scène de violence physiques
moral et séxuelles nous rappellon
au lecteur et lectrice que
cette collection et destiné
a 1 public majeur et responsable
la marque ENFANT NOIR et pas
 tenu responsable de vaux
achat et ne peut en
aucun cas être poursuivie


Chapitre 1 Tribunal pour la onzième fois

 Bon maintenant les quatre jumeaux, Hugo,
 Allan, Thomas et Lucas, je vais finir par vous
placé en centre fermé pour mineurs.Onze familles
d'accueil en trois ans,je sais que c'est dur mais
 là vous avez dépassé les limites (strangulation,
utilisation d'armes à feu,couteaux diverses tailles
,coups de poing et de pied) et le dernier coup
 vous avez coupé les doigts et les jambes d'un
 garçon de 8 ans.Vous rendez-vous compte, il est
en mobilité réduite a vie et en plus choquée et il lui
manque quatre doigts et en plus vous l'avez rendu
HANDICAPÉE ! Vous croyez quoi,que je ne suis
pas au courant de toutes vos actions?Je sais tout
de vous quatre.–Qui a tué nos parents?Vous qui
savez, Allez,dites-le-nous! Vous osez dire que vous
 s avez tout alors la vérité merde à la fin!–Gardien,
ramène-les en cellule tous les quatre. Merci.

# Chapitre 2 Placement famille Hoedie

Bien,vous êtes tous calmés? Alors voilà,vous allez être placés chez la famille Hoedie. Ils habitent à Nantes et cette fois-ci,Hugo et Thomas, vous allez être hospitalisés à la clinique Jeannette Le Ret. Vos résultats d'analyse sont très mauvais.Bien, vous serez transférés dans moins de sept minutes. (Deux heures plus tard) Bienvenue mes loulous à la maison Hoedic.On espère avoir de belles aventures avec vous et surtout que vous allez vous plaire ici.Venez,on va vous montrer votre chambre.Je vous présente Alphonse et Edouard ,ils vont s'occuper de vous pendant cette semaine J'ai rendez-vous à la clinique Jeannette Le Ret demain à 6h50.DRIN DRIN DRIN DRIN MAMAN MAMAN LÈVE-TOI PITIÉ LEV.NON, LÂCHE-MOI!Tiens-moi,tiens-moi! Edouard, je suis là,tiens-moi fort,on est là,reste tranquille .Je suis là.Je viens de les emmener dans le jardin. On arrive,merci Alex.Allez Edouard,viens ,on va rejoindre les autres.Voilà,attends, je m'assois.Voilà,assieds toi sur mes genoux Quentin, tu permets?Edouard, mets-toi là,je reviens dans dix minutes.Alex,je sais ce que tu vas dire mais on part quand même dans quatre heures en Afrique.OK,j'ai mon ex qui travaille à la clinique Jeannette Le Ret au service des orphelins et puis je t'ai promis qu'on partira alors on partira,je tiens toujours mes promesses. Madame Picot, oui,elle est décédée d'une crise cardiaque. Merde,elle devait être hospitalisée cette semaine! Voilà les papiers, son médecin traitant est un certain Dr Palaud.Je vois qui c'est,on est amis depuis l'enfance.On va vous demander d'accompagner tous les enfants de la

victime à la clinique Jeannette Le Ret par précaution.
VI IIII NNNN.Alors,De Le Ret, une minute.PAPA PAPA
HEIN. L'hôpital,allo,on arrive,Mudoume Mudoume,
hein une urgence à la clinique. Yeux noirs numéro
1, tiens,tu donneras cette étiquette à LK,elle saura
quoi faire.OK et vous allez à la plage demain après-midi.

GHROUM

PLOUF,la prochaine fois qu'on sauve une clinique,
fais-moi penser à former une équipe de nuit pour
toutes ces conneries d'urgence à la con.Bienvenue
dans le médical,même la nuit.Bon alors,certes,hein
mais on avait rendez-vous. Ah OK,crise cardiaque
fulgurante, décédée sur le coup. OK,elle avait six
enfants à charge.Elle avait quel âge?La vache,29 ans,
elle était famille d'accueil et apparemment elle a
survécu à quatre cancers et à deux tumeurs cérébrales.
Bon,on va voir les enfants salle 4 et 15.Tiens, il y en a
deux en salle aseptique, bizarre.Allons voir.Stop, il
est 4 heures du matin, on risque de les réveiller et
en plus on va avoir le conseil qui va nous tomber dessus
à cause de ce décès.On avait beaucoup de cas Covid-19
et puis on n'est pas la seule clinique à se partager tous
ces malades.Oui mais on les soigne super rapidement.
On est que des clones, l'erreur ça peut aussi nous arriver
et puis on ne peut pas toujours avoir un bon diagnostic.

CHAPITRE 3 COMMISSION D ENQUÊTE

(Le lendemain, passage devant la commission d'enquête.)

Messieurs dames,asseyez-vous. Bien,on s'est
rassemblé ici pour le décès soudain et inexpliqué
d'une patiente qui devait se faire opérer aujourd'hui
à midi.Alors comment se fait-il qu'elle soit décédée
avant d'arriver à l'hôpital et que ses six enfants

adoptifs soient donc gardés dans nos murs
Objection, deux enfants sont en salle aseptique
contre leur volonté. Un problème sanguin en
est l'origine.Pour les quatre autres,ils sont en
état de choc sévère,on a dû les placer sous
traitement lourd.Leur état est jugé préoccupant
t,au moins trois sur les quatre ne survivront pas
à cette nuit.La commission décide d'interdit
au Dr Le Ret d'approcher les enfants de la victime
décédée jusqu'à nouvel ordre.Fin de réunion.


Chapitre 4 Les p'tits diables


Il faut qu'on soigne les trois patients.Bingo,nos
trois p'tits diables ont aussi le pouvoir guérir. Je
les. Pas ici,on est surveillés par les caméras,dehors
on sera plus tranquilles pour discuter et à l'abri des
regards indiscrets.Allons ici c'est bon,on est


Au milieu du parc.T'aurais pas pu trouver plus simple?
Maintenant (GHROUM)  Maman,viens là,toi.Les
gars,on a besoin de vous pour guérir trois enfants
mal en point mais cette fois on ne pourra pas
vous aider,il va falloir vous débrouiller tout seuls
.Stop, vous aurez vos friandises après le boulot.
Miam miam Allez,au travail et pas de bêtise. Dis
donc,tu e encore puni p'tit diable numéro 2, c'est
la septième fois en cinq semaines.Je vais finir par
aller en classe avec toi! Allez,au taf,dépêche-toi!


(Onze minutes plus tard, arrivée en salle aseptique)


HIM HIM HIM HIM HIM HIM HIM HIM HIM HIM.


Voilà Dr Palaud,merci les trois p'tits diables mais
vous ne devriez pas être à l'école? Si mais Maman
et Papa nous ont appelés.Ils ont encore fait une

bêtise et ils sont punis.–Bravo Papa Maman, aller,
filez et pas de bêtise dans la salle de bain.

Chapitre 5 Le juge contre l'équipe Le Ret

 Bonjour messieurs,je suis le juge responsable des six
enfants qui sont dans votre établissement depuis deux
semaines.J'aimerais savoir d'abord s'ils vont bien et
voici les papiers pour qu'ils soient tous placés.–Stop
,ça déclare que tous les enfants seraient séparés des autres.–
 Oui,on manque de personnel et d'établissement
d'accueil.–On peut avoir un délai supplémentaire?–
Non,ils seront placés demain matin à partir de
 7 heures montre en main,au revoir messieurs.–
On va avoir besoin d'aide les p'tits diables,ça va
 nous coûter cher,on est de nuits cinq fois.Et merde
,les yeux noirs et les p'tits diables ne vont pas nous
voir beaucoup.– Oui,c'est la merde,ils vont encore
 nous le faire payer. Hum LK,eh bonne idée(GHROUM)
. –Vous avez besoin de moi?– Oui,on envoie les yeux
 noirs et les p'tits diables en vacances chez les Palaud.
On est de nuit et on a besoin de toi en urgence.–
OK je dois faire quoi?–Nous surveiller.– C'est une
 blague? C'est pas drôle,mon Dieu,vous avez une
idée derrière la tête, je vois.Non je m'en occupe.
Voilà c'est envoyé,je lui ai tout dit,c'est envoyé aussi
 à son petit frère,comme ça on ne se fera pas
engueuler comme quoi on ne leur a pas envoyé
de justificatif à tous les deux cette fois ci.Petit diable
 numéro 2,vient ici.Oui,tu vas te téléporter d'abord
 à la maison récupérer les trois yeux noirs et téléporte
toute la compagnie chez les Palaud.Ils sont au courant
 (GHROUM).Nos deux autres petits diables,vous
 récupérez les six enfants,téléportez-les discrètement
 chez les Palaud ils sont au courant.GHROUM. Parfait
,plus ils deviennent grands,plus je me sens vieux.Mon
 Dieu,les années passent trop vite.–Oui tu as raison,

j'ai le même ressenti à propos de nous trois.On prend
du poids. Bon,allons-y.–Stop,je vous accompagne
puisque je dois vous surveiller.

Chapitre 6 Arrivée chez les Palaud

Alors il GHROUM ouh là les yeux noirs,allez
sur le canapé et p'tit diable numéro 2 viens là
.HUM oui je vais te changer.Dialecte 1 et 2 et
les numéro 9,je vous laisse les mettre en tenue
de soirée.Oui père.–Non,Dialecte 2 va préparer
les changes pour les trois jours dans la chambre
des p'tits diables.– OK excellente idée.–Merci.–
Allez P'tit diable numéro 2, PLOUF,allez,ouvrés
la bouches voilà elles sont dégueulasse mais o
moin vous avez pas posé problème pour les prendre
n'ont pas besoin d'être aidés mais quand ils sont en
manque de sommeil ils sont infects.

(Trois minutes plus tard)

Allez p'tit diable numéro 2, c'est très bien,tu e
tout propre.Ce soir pas de couche.Eh oui,tu viens
avec nous en soirée.– Papa,j'ai fini d'habiller les
trois jeunes yeux noirs.– Parfait,tu peux les emmène
r dans la salle de restauration. GHROUM GHROUM
ouh Là,ça m'a fait mal. HIM HIM HIM HIM HIM voilà
alors les gars on est arrivés.–On est où,putain? Ils
nous ont-ils emmenés où?– Stop, calme-toi, tu es en
sécurité.Je m'appelle Bastien et voilà mon grand
frère Sébastien Palaud.On est les propriétaires
de cet établissement.Tu n'as rien à craindre,ni toi
ni tes frères.On sait qui vous êtes,on a tous vos
dossiers,donc tu restes calme et tout ira bien.
D'abord on va vous aider à changer de vêtements,
ce soir il y a un anniversaire.– OK mais avant on
aimerait savoir pour quel motif on ont été téléportés.–

Vous deviez êtres séparés et partir chacun dans une
famille d'accueil I donc on vous a transférés ici pour
éviter que vous soyez séparés.Bon,les p'tits diables
numéro 1 et numéro 3,venez avec moi. Numéro 9.2
et 9.3,venez.– Oui père.–Voilà les nouveaux vêtements,
je vous laisse préparer nos invités pour l'anniversaire de ce soir.
Numéro 9.4,viens prendre les vêtements sales
et amène des bassines s'il te plaît Oui tonton.


chapitre 7 Incendie dans l'auberge + six blessés graves


(Vingt-quatre heures plus tard)


DRING DRING DRING DRING, allez, tout
le monde dehors,vite,allez allez,
PIM POM PIM POM PIM Écartez-vous.
C'EST DANGEREUX ÉCARTEZ-VOUS BON SANG.
Putain,non,mon auberge,je venais juste de
finir les peintures.(SEB)Je ne sais pas ce
qui s'est passé,l'incendie s'est déclaré au grenier et


BOUM BOUM BOUM BOUM GHROUM.


Tous le NON ça ne va pas LK regarde donc


GHROUM GROUH HUM HUM HUM HUM


AAAAAAH.TU M'ÉTOUFFES.PARDON EXCUSE-NOUS,
on vient de sortir six enfants des décombres,ils
sont dans le coma et gravement brûlés au septième
et dixième degré d'après le médecin.Ils ont très
peu de chance de s'en sortir.Voilà les pendentifs
qu'ils...NOOOOOOOOOOOOOOOOOOOON où sont-ils,
envoyés à la clinique Jeannette Le Ret à
Pontivy.Mais on est les gérants,
on a aussi un service des grands brûlés.
Dis quelque chose Mudoume, ce sont

Nos six enfants,ils sont tous dans cet état!
Aidez-moi,allez-y. OK on se retrouve là-bas.

Chapitre 8 Décision ATTENTION

ÉCARTEZ-VOUS, mon Dieu,envoyez-les
 dans les chambres stériles et faites attention.
Non,pas de perfusion,on risque de les
 tuer d'une simple coupure ou perfusion.
Il y a six patients,tous dans le coma artificiel par
 obligation,très peu de chance de s'en
sortir pour au moins cinq d'entre eux.

GHROUM GHROUM GHROUM GHROUM

GHROUM hein mais que WOUHA
oh putain.Hein,Dr Couturier et Dr Moules,
 c'est moi qui les ai téléportés, on ne
pourra pas à trois soigner toutes ces
blessures graves. On est cinq,on devrait
 pouvoir en guérir cinq assez rapidement.
 Les trois,super,19 ans, vous arrêtez
 toutes les hémorragies.Seb et moi, on
 s'occupe du reste. Il n'y a pas à discuter,
 Mudoume et moi,on peut avaler des cadavres
 humains pour se régénérer contrairement
à vous donc nos pouvoirs de guérison
 sont beaucoup plus efficaces que les vôtres.
 Allez,allons-y pour les p'tits diables,pas
 la peine de soigner les brûlures, n'arrêtez
 que les hémorragies, eux aussi ont la capacité
de manger des cadavres humains.OK bonne chance.

Chapitre 9 Course dans la prison de Rennes

GROUHM GROUHM PUTAIN  BROUM BROUM
NON pas celui-là Sébastien Le Ret, on

en aura besoin pour les p'tits diables.–Les gars,
on vient de finir les trois p'tits diables mais
leurs hémorragies n'arrêtent pas de se
déclencher quand ils sont en position assise.
On les a mis dans la même pièce.Mes
loulous bon appétit.– Ahhhhhhhhhh grouhm ghoum ghoum
bon dans trois quarts d'heure on aura une
réponse positive.– Ouh Papa Maman, ouh
là HUM trois secondes voilà le dessert

AHHHHHHHHHHHHHHHHHHHHHHHHHHHHH GROUM GROUM.

Alors voilà,là c'est mieux La vache,on
dirait qu'ils peuvent maintenant nous aider
à soigner les trois yeux noirs.– Les gars,oui,
on sort, ils vont devoir travailler. OK mais
tu veux leur servir de dessert?–NON on y va.
À tout à l'heure mes loulous.

Chapitre 10 Guérison totale

(Trois jours plus tard)

Bravo mes loulous,on est très fiers de vous trois
mais on a encore un boulot à faire.Hein
diable numéro 2,toi et moi avons un super
rendez-vous avec deux connards dont un
que tu as envie d'enculer avec ton super
sexe.Ne t'en fais pas, Sébastien Palaud aura
. enfin l'occasion inespérée d'enculer un de mes
mômes adoptés, depuis le temps qu'ils osent
dire que je suis trop gentil avec les p'tit diables
et les yeux noirs.– Mais père,on ne connaît pas
l'origine.–Si regarde,tu vois,chaque p'tit diable a ce
qu'on appelle un œil au beurre salé.Quand ils dorment
,l'œil au beurre salé enregistre tout ce qui se passe
autour d'eux.Quand ils dorment tout dans le cas

de p'tit diable numéro 2, il a été assommé et œil
 au beurre salé a tout enregistré et qui voilà,Hugo
et Allan,les p'tits cons.Alors voilà comment ils ont
déclenché l'incendie –Je te rappelle que les deux
 connards dont tu parles sont nos gosses, ceux qu'on
vient d'adopter et connaissant bien Bastien et
Sébastien Palaud,ceux qui vont se prendre
des coups de sexe dans l'anus c'est nous deux
étant donné que c'est nous deux les parents
des deux connards en question.Alors je propose
 qu'on restaure leur auberge à nos frais vu que
les deux connards d'incendiaires sont nos gosses.
Qu'en penses-tu?–Excellente idée grand-frère
 mais après la rénovation,les Palaud
pourront se faire plaisir INTIMEMENT

Chapitre 11 Travaux à l'auberge Palaud
 Bon les p'tits diables, allez aider les Palaud
 à enlever tout ce qui est en bois, on a préparé
'incinérateur.WOUAH on peut mettre jusqu'à
 sept mille kilos de bois, allez,foncez au taf
.GHROUM GHROUM p'tit diable numéro 2, toi tu
 restes avec moi,j'ai un boulot plus difficile pour
 toi,tu vas bien t'amuser.Allez,viens. Les yeux noirs,
vous allez préparer les couches et les changes
 pour les p'tit diables et pour vous aussi,soit
 un total de quatre-vingts couches et change.
 Allez au travail Sébastien Le Ret vous attend
pour que ce soir on puisse enfin passer à autre
 chose, ça fait quarante-huit heures qu'on est là.
Allez rentre p'tit diable numéro 2,à quatre
pattes,soulève ta chemise de nuit.Eh oui tu as
encore fait pipi au lit, ne dis pas que ce sont tes
 deux frères,ils dorment sur LK et Sébastien Le Ret.

 PAF PAF PAF PAF PAF PAF PAF PAF

Voilà tu reste cul-nu toutes la journée J'espère que
C'est bien clair, maintenant tu sais ce qui t'attend.
C'est la dernière fois que je te donne la fessée en privée ,
la prochaine fois ce sera devant tout le monde,t'as compris? –
Oui Papa.–Allez,la chemise de nuit au lavage et tu restes
cul nu jusqu'à 19 heures,c'est clair?– Oui Papa.–
Parfait,tu restes là, je vais mettre les draps à tourner,
en suite direction le PC pour les factures et les
 dossiers  à ranger.Non,tu seras assis sur mes
genoux jusqu'à 19 heures,interdiction
de bouger de mes genoux.

Chapitre 12 Plage du Fozo

 et consultation à la clinique Jeannette Le Ret -
 Allez les bosseux,collez à nous les adultes. Voilà,
Après,on y va. GHROUM.Voilà,allez, tous à l'eau
et pas de comédie,on vous laisse dix heures de repos.
Je vais chercher les trois autres,je ne sais pas à
quelle heure je reviens.À tout à l'heure Sébastien
 Le Ret, bonne chance.– Merci Mudoume
Le Ret, ghroum.–Bonjour messieurs dames,patient numéro 1.– Oui.–
Entrez,bien,c'est quoi qui vous amène?
Voilà,mon fils a été mutilé par des voyous
et aujourd'hui il ne touche aucune
allocation handicapé et on n'arrête pas
de nous dire que son dossier ne passe
pas.Je suis en manque de solution,docteur.
Du calme,vas-y,assieds-toi mon chou.
Ouh là,les doigts,hum, ça c'est possible
de les refabriquer ou d'en...Non, les
 autres médecins ont précisé que les
trois heures étaient dépassées.–Je
vois.–Mais ce n'est pas la raison de notre
 venue aujourd'hui. Les voyous lui ont
coupé également ses JAMBES impossible
de lui mettre des prothése.– Aïe,ça par

ontre,je pense pouvoir faire quelque chose.Là
e crois que mes compétences serait utiles.
oici le formulaire à remplir pour les examens
pprofondis.On peut essayer une solution,je
e vous garantis pas que ça fonctionnera
ais ça ne coûte pas grand-chose d'essayer.
a Sécurité sociale prend WOUHA vingt
ourcent des 27555 euros mais je vais vous
aire une offre de paiement en quatre fois
ans frais par PayPal.Bien sûr en ami cela
e vous rajoute que 50 euros de frais
e sécurité en cas de problème,c'est bien
ieux pour vous comme pour moi.Je vous
aisse vingt-quatre heures, à
lus tard mon chou. Allez,numéro 2,oui
lors c'est quoi qui vous amène?
Voilà je problème,ouh dis donc
Mon gars,tu ne fais pas dans la dentelle.
e suis à la recherche mon frère jumeau,il a la même marque de
aissance.Je sais que c'est un faible indice.–
um,je ne peux rien pour vous.– Si,j'ai besoin
'un certificat pour une prise de sang.–Pas de
roblème, je vous envoie vers mon
onfrère qui bosse dans l'autre unité,c'est lui
ui s'occupe des prises de sang.Voilà
'étiquette à donner pour la prise de sang.

Chapitre 13 Les quatre jumeaux

GHROUM.Alors les quatre jumeaux,prêts pour la semaine prochaine?
ous avez beaucoup de
hance d'aller à la plage pour trois jours
ntiers sur tout Hugo et Allan.Et
homas et Lucas,vous allez dans l'équipe
e fusion et samouraïs,il paraît qu'ils
ont assez particuliers mais très
sympas.Je ne les ai vus que trois fois,ils

sont bosseurs,au moins vous n'allez pas
vous ennuyer. Sébastien Le Ret sur mon
chantier, eh oui les choses changent, je
 Il n'avait plus que trois dossiers,je viens
de passer le balai et l'aspirateur.
Désormais OK,tu connais la maison.
Je peux te parler en privée de choses
 INTIME,rien ne vous concernant
 les quatre fantastiques.Ils semblent
ne pas se rendre compte de quoi
que ce soit.On va arriver à sanctionner
 les quatre sans violence.Mais comment
se fait-il que les équipes de fusion
et samouraïs seraient-elles concernées?
Bonne question mais il me semble
que les frères de fusion sont gays. Je
ne suis sûr que sur eux deux, les autres
j'ai entendu parler d'eux mais rien de sérieux.

Chapitre 14 Équipe fusion de la mort et équipe samouraïs

Bonsoir la compagnie !Ouh là,je présume que
 ce sont dit-on fusion.Tu n'as pas oublié
un OUF pas oui les cadeaux et les cartes
postales que t'as jamais envoyées malgré
 mes relances? Arrêtez de vous disputer
Procal,as-tu L'album photo?–Le voici,
tenez les grands,numéro 4 et grand numéro 8.
Ouh là,des nouvelles équipes. Stop,je te
 présente Thomas et Lucas,ils partent avec
 vous.–Ça tombe bien,on était juste venus
vous apporter l'album mais là il faut
qu'on reparte,les autres n'aiment pas
 attendre,ils sont pressés d'être en
Normandie.Toujours à courir!–,on a
 rencontré Flammèche sur la route,
un jeune homme très musclé, il a un

bracelet qui lui permet de maintenir
un incendie pendant deux minutes.
Pratique,comme on se déplace
sans arrêt,au moins il n'y a pas
 besoin de briquet. – Je te présente
 l'équipe Le Ret composée par les
 trois grands chefs, LK, Mudoume Le Ret
et Sébastien Le Ret, ainsi que leurs
enfants.Les trois yeux noirs, les trois
p'tits diables,les quatre jumeaux,Hugo
Allan, Thomas et Lucas et les deux
autres jumeaux, Edouard et Alphonse.

GHROUM GHROUM GHROUM.

 Parfait,alors laisse-moi
 présente mes compagnons de route.
Équipe Le Ret,on vous présente Petit Moine,Bras De Fer,
Anubis,Aprocal,Procal et Fussion de la
Mort.Que des hommes.– HUM, très appétissant.
Vous arrêtez les excités sexuels.

Chapitre 15 Départ de l'équipe Fussion et de l'équipe Samouraï

Les enfants sauf les trois p'tits diables, vous restez sur vos
chaises.Allez,au lit et pas de bêtise. Attention les deux jumeaux
maléfiques, ce soir vous dormez dans notre
 lit comme ça on pourra mieux vous surveiller,
les bêtises de la nuit vous êtes assez forts.
 Bon les jumeaux,nous on y va,dites bien
Au revoir. À plus les amis,on vous renverra vos jumeaux par
téléportation.–Au Revoir, GHROUM
GHROUM.OUF. Bon,vous laissez la
 vaisselle sur la table,on fera la vaisselle
 demain matin.–OK.–Allez les trois p'tits
 diables,on vous autorise à nous
 téléporter au mobil home mais vous

n'échapperez pas à votre lavement
anal GHROUM.Bien,sur la
terrasse,remarquez,il fait bon ce soir.Allez,

Chapitre 16 Plage du Fozo

Allez les gars,collez-vous à nous trois.
LES JUMEAUX Dialecte,vous être en
arrêt jusqu'à demain matin donc pas
de comédie ou de crise de colère.
Aujourd'hui,on va tous à la plage .
jusqu'à 19 heures.Dialecte,tu seras
 téléportée à 20h30,Sébastien et
 Bastien Palaud sont d'accord. De
toute façon,tu n'as pas ton mot à dire.
ALLEZ,GHROUM, vous voilà arrivés messieurs.
 Bon,je vous laisse,j'ai des consultations
qui m'attendent,à plus.Allez là les gars,
cul nu et à l'eau! les jumeaux Dialecte,il
faut qu'on parle.Ne t'inquiète pas,tu ne
 vas pas recevoir de raclées ou de suppositoire.
 Écoute,je sais que pour toi  en ce moment
,HUM HUM HUM HUM.Allez,viens
dans mes bras.Bon,on sait que tu as eu
des relations INTIME soit avec un des
 yeux noirs ou un des p'tits diables.
 Le virus que tu as attrapé est issu de
cette relation. Rien à foutre, tu es libre
de faire ce que tu veux. On sait,les yeux
noirs et les p'tits diables sont assez insistants. HUM
HUM.Écoute,demain,tu vas être dans
l'équipe de grand numéro 8 et grand
numéro 4.Sébastien et Bastien
Palaud pensent que tu et en arrêt
médical et hospitalisée donc tu ne
 risques rien. OK HUM HUM HUM HUM,
 ils sont devenus tellement violents,

regarde mon dos, voilà ce que je subis
 quand ils sont super en colère et ça peu
 importe le motif. Les quatre numéro 9
sont devenus hyper violents,ils se balancent
tout à la tête,y compris mes affaires
d'étudiant.Je n'ai plus rien à moi qui soit
en bon état.L'auberge et l'hôtel,depuis
 l'incendie, ne sont pas forcément remplis
et l'assurance HUM HUM HUM HUM
n'a remboursé que huit pourcent
HUM HUM.Ils ont dit de ne pas en
 parler sous prétexte qu'ils vont trouver
une solution, en attendant c'est moi
qui craque de cette situation ET
 mon frère jumeau ne se laisse pas faires
c'est lui qui a cassé toutes
les vitres du rez-de-chaussée


Chapitre 17 Interrogatoire des Palaud


GHROUM,il se passe quoi? Stop
les Palaud,on vous a téléportés.Sébastien,
viens avec moi dans la salle à côté,
merci.Bastien, prends place,bien,on
 vous a téléportés pour vous donner
des nouvelles des jumeaux Dialecte.leurs
 L'état de santé est jugé préoccupant.
leurs système immunitaire a lâché
cette nuit et BAM BAM MERDE.Mais
il lui AH BAM STOP les Palaud
mais que vous arrive-t-il
 AAAAAAHHHHHH PAF n'approche
 pas de ma mère bande de
salauds PAF PAF PAF BOUM. Pas de
chance, on est deux contre
deux alors laissez les téléspectateurs
tranquilles. PLOUF PLOUF PLOUF

PLOUF PLOUF PLOUF eh ben
mon grand,c'est tout ce que tu
as dans le ventre! MAMAN viens
m'aider je ne peux pas soigner
les deux à la fois.Ah, quel mal
de tête,PAPA aide maman,
pitié MERDE him him him him
WOUHA quel mal de tête. Pas
le temps de vous plaindre, les p'tits
diables numéros 1 et 3, on besoin
de nous (NON) p'tit diable numéro
2,toi reste en arrière de tes deux frères.
MERDE HOP HOP HOP HOP c'est
bon on en a eu 1,wouha il est énorme
celui-là aussi mais on peut les retirer.
LK,transforme-toi,tu vas devoir occuper
les p'tits diables 1 et 3. GÉNIAL je
me tape les plus dangereux en plus

HAAAAAAAAAAAAAAAAAAAA YA PAF PAF PAF PAF PAF PIF.

.


Reprenez le contrôle mes frères, je ne
peux me battre contre vous,
vous êtes trop forts pour moi


AAAAAAAAAAA AAAAAAAAAAAA


hum hum mais que nous est-il arrivé
bon sang? Vous avez simplement
perdu le contrôle mais maintenant il
faut aider vos parents, et deux en une
seule intervention.Voilà, congélateur
ouvert, entrez là-dedans, saloperies.
BON les Palaud vont se réveiller

dans quatorze heures,le temps
que leur système immunitaire
retrouve ses marques.

10 ANS PLUS TARD

## CHAPITRE 18 YPOLICE

OUF JE suis enfin arrivé en classe
mérde prof absent en ce moment
c'est la folis ils passe plus de temps
en arrêt que au taf ils sont
vraiment payés à rester chez eux
dommage que je ne sois pas
devenu professeur à 14 ans il faut
vraiment que je trouve 1 moyen
d'arrêter l'école et que je devienne
 professeur n'importe qu'elle poste
serait 1 plus et en plus je
pourrais enfin fondé 1 famille
et quitté cette foutu région parisienne
où ils ya que des trafiquant et
des emmerdeur de JÉHOVAH enfin
bref ça devient super compliqué
de rester ici ils faut dire que les
 prix de l'immobilier en bretagne et
 sur tout le territoire de france
 ils faut gagner toujour plus
vivement que les prix baissé
 en tous cas ces emmerdeurs
de l'état le jours ou ils vont
 bloqué les prix définitivement.

## CHAPITRE 19 GRÈVE DES PROFESSEUR

 YPOLICE HUGO ALEXIE NATHAN
et ANTHONY vous aller pas à l'école

toutes la semaines ils sont tous en
grèves dont vous partez en
 formation à SÉNÉ il sont en manque
de personnelle pour les rangement
 et trie de papiers en tous cas
il sont bien en galères vous parté
pour 5 semaines de formation
dont je vous laisse préparé vaux
 valise vous partez dans moin de
 35 minutes pas contre vous partez
 avec le mini-bus électriques je ne
 sais pas à quelle heures vous
arrivée 9 heures plus tard
BONsoire je vous accompagné
à vaux chambres en tout cas 1 bonne
 nouvelles il y a pas d'escalier
sa monté et voila vaux studio
 HUM ça sent bon la peintures
 fraîches LENDEMAIN WOUAH
ont a tous sa a trié en tous cas
ils ya pas mal de dossiers


CHAPITRE 20 RENCONTRE AVEC L'ÉQUIPE RAPIDO


HELLO les 5 beau-gosses en
tous cas vous avez super bien
avancé ils ne reste que 5 dossiers
à trier. MAIS qui êtes vous tous
les 5 ON et l'équipe RAPIDO
nos parents son en seine-et-marne
ils sont partie faire des remplacement
ils reviennent le mois prochain
En tout, on a hâte qu'ils rentrent.
OK donc vous former tous les
 5 l'équipe RAPIDO mais dit-moi
 ALEXIE arrête avec tes question
on est là pour le boulot.GHROUM

WOUHA ravie de te revoir
 p'tit diable numéro 2 ETIQUETTE
vert parfait c'est 1 excellent
nouvelles GHROUM Mais il
 et passée ou.IL vien de retourné
en région parisienne pas
téléportation.IMPOSSIBLE
sa hésite pas et puis de
toutes façon si c'était possible
ça pourrait être très utile
pour les service prioritaires
et puis que font vos parents
GHROUM OUF MAMAN et
 PAPA font pas être content..
STOP p'tit diable numéro 2
équipe RAPIDO changement
 de programme vous partez à
 BREST vous allez travailler avec
 avec les parents je dois gardé
 p'tit diables numéro 2 ici PAS
DE téléportation p'tit diable
 numéro 2 GHROUM Allée dans
 mes bras p'tit diable numéro 2
 HUM direction la douche
et pas de comédie.

CHAPITRE 21 RETOUR À L' AUBERGE

GHROUM HEIN mais on est revenu
 à l'auberge BONJOUR les 5 allor
comment c'est passée votre
 journée de travaille il ya u 1 changement
 de programme ça arrive assez
régulièrement en tous cas super
boulot tous les dossiers en
 triples et quadruples exemplaires
mercie d'avoire fait du tri au

moin on va pouvoir passer à autre
chose je vous accompagne à
vaux studio suivez moi je vous
prix 1 MINUTES qui nous
prouve qu'on va pas être renvoyés
en région parisienne HA HA HA
 Pas ce mois-ci normalement.


2 semaines plus tard


BONNE nouvelles les 5 vous avez
 bientôt fini votre mois de remplacement
dont vous serez renvoyés en
région parisien dans 72h ATTENDE
on souhaiterait rester plus longtemps
si possible 4 mois d'affilés ils
ya encore des restriction au niveaux
des horaires et en plus il ya le couvre-feu
allée dit oui.ON et pas les grand-patrons
 voilà le formulaire si vous voulez
 rester on vous laisse les remplies
mais on est pas sûr que ça passe.


CHAPITRE 22 RÉUNION AVEC LES GRAND PATRON


BON alor comment sa c'est passée
avec les 5 DÉTACHEUR de la
 région parisienne edouar et
alphonse.SUPER bien ils sont rempli
 ces formulaires pour rester
plus longtemp et éviter de subir
 les couvre-feu a 18h ce qui
se passe en région parisienne.
Aucun problème, ils manquent
des bras à SÉNÉ et à l'hôtel
 PALAUD les équipes.

ANGE NOIR

ENCRENOIR

LES 6 DIABLOTIN

LES 4 JUMEAUX MALÉFIQUE

LES BEAU GOSSES

LES 3 P' TIT ANGE

et l'équipe LES 5 RAPIDO

sont mobilisés dans les auberges

ANGEVIN

PALAUD

et les JUMEAUX BOSSEUX

les équipe ANGEVIN

et JUMEAUX BOSSEUX

Vous êtes en vacances pour 8 jours.
BONNE VACANCE BONJOUR les
5 détachés allor votre demande
et validé pas contre vous s'être
envoyés à Brest pour des remplacement
et des nuits de remplacement
vous bossé que 4 heures pas
jours dont uniquement le matin
afin de respecter la loi.

CHAPITRE 23 arrivée à brest

GHROUM voilà vaux calendrier les
5 détarches.JE vous laisse avec
les infirmières et infirmier a tous
ta l'heure GHROUM 29 HEURES plus tard
Alor les 5 détachés comme ces passée
ces 5 semaines de formation et oui
vous s'être super bien fatigué allée
direction. LA presqu'il de quiberon
et oui le taf et loin d'être fini mais
rassurez-vous les équipes 5 RAPIDO

ENCRENOIR

et ANGE NOIR

seront avez vous donc pas de
conflit et de probléme avec ces
équipes qui ont fait 398 heures
cumulés sur 9 mois d'affilés et
oui eu aussie font médecine
mais ils n'ont pas le pouvoir
de régénération et dont ne
peuvent pas soigner les parties
que nous prénom en charges
voilà pourquoi ils sont des
horaires de fous malades
et qu'ils sont super épuisé
allée GHROUM OUF on va
pouvoir s'occuper des partis
niveaux supérieur heureusement
que l'équipe FORMULE 1 et
venu ce matin pour faire le
grand ménage.

CHAPITRE 24 ARRIVÉE À SAINT-PIERRE-QUIBERON

GHROUM

WOUHA mais on et sur 1 plage.OUI on
appelle sa des vacance imposée
et puis ça fait du bien d'être en vacance
forcé et puis ça fait du bien de larche
prise et profitez zen avant que
 p'tit diable numéro 2 arrive il est
 insupportable sur tous quand
on le surveille pas et en plus
il possède lui aussie le pouvoir
de ce téléporté dont il est pénible.
MERCIE mais vous s'étre la qu'elle
 équipe ANGE NOIR ceux qui
vont dans l'eau c'est l'équipe
ENCRENOIR et ceux qui font bronzette
c'est l'équipe LES 5 RAPIDOS.
OK et comment se fait t'ils que vous
travaillez tous dans le domaine
médical. ON et la que pour les
 remplacement on travaille plus
souvent dans les auberge PALAUD
ANGEVIN et l'auberge des 2
JUMEAUX BOSSEUX. D'accord mais
vaux parents comme ce fait il que
ce soir 2 hommes 1 que vous appelez
père et l'autre maman.NON on
na 1 mère 1 père et 1 tonton seuil
p'tit diable numéro 2 et sévèrement
 dyslexique dont il appelle souvent
 tonton maman c'est tout.


CHAPITRE 25 ARRIVÉE DE P' TIT DIABLE NUMERO 2


GHROUM CHUT CHUT Allée dans mes
 bras pas contre dodo pas de comédie
hein 2 heures plus tard ALLEZ debout la

dedans allées allo p'tit diable numéro 2
comment sa va alor sa fait quoi
 d'être enfin en vacance avec nous
sur tous que tu reste 4 jours hein
et en plus c'est ton anniversaire
demain Allée direction la douche
 p'tit diable numéro 2 les 5 détachés
vous vouliez savoir à quoi servais
la piscine dans la cuisine venez
on va vous montrer.ALLÉE p'tit diable
direction la piscine on te laisse
goûté l'eau on vient de rejoindre
dans moin de 5 minutes.ATTENTE
vous utilisé 1 piscine pour
vous lavés.OUI il ya 8 filtres
 et 2 bombes solaire et puis au moin
ils ya pas de jaloux et en plus
personnes fait des comédies.
TOUTES les équipes qui compose
l'équipe LE RET on été éduqué
comme ça et comme ça ils ya
j'amais d'urgence et en plus ils
y'en a o moin 1 qui passe beaucoup
plus de temps dans la piscine
et comme ça ils fatiguent assez
 pour faire des nuits complètes.


CHAPITRE 26 examen intimes devant les 5 détachés


MAMAN MAMAN allée AVALÉS
les bonne vitamines AMÈRE on
na compris respire PUFFFFFF
PLUFFFFF PLUFFFFF MERDE
ces quoi ces saloperie hein.
 C est rien ce sont des laves il
 produit pleins de laves noirs
et grâces a ces laves noirs qu'on

utilisé soit pour fabriquer
des produits de soins au
performance ou des clones
de dentition on utilise beaucoup
ce jour de laves ont fabriqué
pleins de produit à base justement
de ces laves il doit être PASSÉE
cette examen assez régulièrement
ou il fait des crises violentes.
ALPHONSE et ce que ces laves sont
dangereux pour les êtres humains ?
vous s'étre tous les 5 des être
humain nous ça fait longtemps
qu'on et transformé en extra
terrestre BLUM BLUM BLUM BLUM BLUM ILS
sont pas très solide en tous
cas lorsqu'on leur dit la vérité.
VOILÀ p'tit diable numéro 2 examen
terminée 3 glacières pleins
et bonne nouvelles les laves
sont parfait aucun a 1 déformation
allée dans mes bras on fini de
déjeuner et tu va a la sieste
il faut que tu sois en forme pour la
plage cet après-midi.

CHAPITRE 27 LES 3 P' TIT DIABLE PASSAGE À LA CASSEROLS

GHROUM ALLEE p'tit diAble numéro 1.2 et 3
vous choisissez quelle équipes vous
avec le choix ENCRENOIR les
5 détache

ANGEVIN

JUMEAUX BOSSEUX .
ou LES 4 JUMEAUX MALÉFIQUE ALLEE

ci c'est bien pour 1 fois que vous
allée dans l'équipes LES 4 JUMEAUX MALLÉFISK

AYYYYYYYYY AYYYYYYYY AYYYYYYY

Voila cette après-midi ils font pouvoir
 aller à la plage.MAIS que leurs
 est il arrivé.RIEN ils sont u des
 suppositoires et cette après-midi
 ils font à la plage à 13h15 et il
ne vont pas faites la sieste.LES équipes

ENCRENOIR

les 5 détache

ANGEVIN

vous s'étre cette après-midi à la
plage pour les surveiller et à 15h
l'équipe JUMEAUX BOSSEUX
vous rejoins avec l'équipes
 LES 4 JUMEAUX MALÉFIQUE il
 et 11h30 je vous laisse vous préparer

 CHAPITRE 28 départ des 5 détachés

OUF ils sont tous les 5 partie.OUI mais
o moin ils étais très efficace et super
bosseux dommage qu'ils soit partie
mais bon je pense que c'est le fait qu'on
soit super proche de p'tit diable
numéro 2 sur tous pour ces examen
en tous cas ils étais très bien aU
niveaux boulot rien a redire
 STOP les grand ENCrE NOIR
et ANGE NOIR les 5 détarche

revienne lundi ils étaient attendu pour
1 contrôle d'où le fait qu'ils ont
du repartir on se fera 1 plaisir
de vous les remettre dans les pattes
pas contre resté calme entre
vous ont a besoin que vous
êtes restée professionnelle.
et simple a gérés vous avez
encore 3 semaines de vacances
et ont a réaménagé vaux postes on
va installer les 5 détaché dans l'hôtel
PALAUD en renfort et afin que
les dossiers soit plus rapide
a trié et évacué et puis on a
besoin de vaux équipes sur
les auberges principales.

CHAPITRE 29 mise à niveau

GHROUM bonjour équipes 5

RAPIDO

ENCRENOIR

et ANGE NOIR voila vaux nouveaux
calendrier bien entendu on n'a changé
tous veaux postes et vaux emplois
de temps dont les équipes

ENCRENOIR

et ANGE NOIR

vous ne serez que d'aprés-midi à
partir de maintenant les
5 RAPIDOS vous s'etre de nuit

de 17h à 2h00 du martien et vous
s'être relève pas l'équipes les 4 jumeaux maléfiques

les équipe LES BEAU GOSSES

et LES 6 DIABLOTIN s'occupe

des auberges des

PALAUD

ANGEVIN

JUMEAUX BOSSEUX les équipes

ANGEVIN et JUMEAUX BOSSEUX

reste dans les auberges ils prenez
leurs boulot au sérieux dont aucun
perde ou problème financiers a déclaré
on compte sur vous et pour p'tit diable
numéro 2 il devient chirurgien comme
moi et MUDOUME comme ça il pourra
vous aider à évacuer des parties vers d'autres hôpitaux.

CHAPITRE 30 retour des 5 détachés

HELLO les équipes ENCRENOIR et ANGE NOIR
alor comment allez vous on est revenu pour
14 semaines de stages sauf si vous ne
souhaités pas nous gardé.CI mais nos
calendrier on été réaménagé afin qu'on
ne force pas trop d'heures et nos 2 équipes
on décidé de quitter le monde medicals
on et super bien rémunéré maison n'en
peu plus des cadences nos parents on
accepté nos décision et comme ils

manques des équipes pour les
remplacement on garder nos poste
jusqu'à qu'ont forme 1 équipes pour
nous remplacer pas vous 1 vous
s'être mineurs et de 2 vous n'être
pas modifié génétiquement donc
impossible que vous tiendrez les
cadence et en plus ce n'est pas 1
boulot pour des mineurs comme
vous aucune vie séxuelles pas de
congés et des horaires coupé dont
l'enfer sur terre.OK mais pourquoi
vous n'avez pas arrêté avant notre
arrivée? AVANT on travaille dans les
auberge PALAUD ANGEVIN et les 2
JUMEAUX BOSSEUX et dans les
clinique JEANNE et JEANNETTE LE RET
dont on avait plus d'heures et moin
de vacance mais la depuis 5 mois on
présente des traces d'usures et notre
santé physiques vient d'en prendre 1 coup
sévère.GHROUM Voilà pourquoi
les 5 détachés sont pressent aujourd'hui
on avait commencé à voir des traces
d'usure sur vaux 2 équipes mais le fait
qu'on vous ai imposé pendant des mois
de prendre des vitamines tous les 3 jours
c'était uniquement pour cacher le fait
qu'on vous a mis en danger alors il
y a 2 mois on vous a fait croire que les
cliniques JEANNE et JEANNETTE LE RET
avais u 1 contrôle sanitaires et était
contraint de fermer pour procédure
administrative. GHROUM ont a fait
sa en conséquence de votre santé la
peur de vous retrouver DCD a pris
le dessus alor on a déliré pendant 1

mois mais on na pas réussir à vous
tenir éloigné des clinique JEANNE
et JEANNETTE LE RET depuis
que les p'tit diables numéro 1 et 3
ne sont plus là et s'occupe de leurs
petit enfants on galères malgrés
que les équipes P'TIT ANGE et KART
sont arrivée pas moyen d'absorber
les flux de partient la notre dernière
tentative et aussi 1 échec. ONt
a décidé aver MUDOUME de fermer
les 2 cliniques JEANNE et
JEANNETTE LE RET on né allée
Beaucoup trop loin on n'en
prend conscience maintenant.

## CHAPITRE 31 PROCÉDURE CESSATION D ACTIVITÉ

OUF voilà le dossiers et partie au
tribunal on devrait être convoqué
dans moin de 25 jours  en tous cas
je suis content qu'ont ce sont rapprochés des
équipes ANGE NOIR et ENCRENOIR.
OUI mais on fait quoi comme activité
professionnelle maintenant on arrête
de prendre en charge des partient
Aujourd'hui je vais mettre les annonces.
OK je fonce mettre les pancarte et
pour le personnelle la clinique POIREAUX
les récupère tous comme ça pas de
problème justicières de ce coté la.
DE toutes façon dont ils ya pas de
question à se poser ils ya que des
extraterrestre qui travaille ici dont.

3 jours plus tard

OUFF prés grand frère allée allon ci

8 heures plus tard.

ENFIN libéré allée allon fermé la
 société pour la dernière fois.
 CONTENT qu'on soit enfin sorti
de ce merdier j'espère que nos
 équipes vont comprendre notre
 décision en tous cas maintenant
on est soulagés de tout ce bordelle
 allon nous occuper de p'tit diable
 numéro 2 sa fait 1 moment qu'on
 ne lui a pas fait d'examen

CHAPITRE 32 PLAGE DE PORT D' ORANGE

GHROUM Pas ou sont les équipes
LES 6 DIABLOTIN et  es 4 JUMEAUX MALÉFIQUE au
RELAIS DE L'OCÉAN depuis le temps
 que MADELEINE PALAUD me demande
de laisser au moin 1 équipe sur place
 elle en a 2 comme ça elle va enfin arrêter
 de râler et puis ils sont grand maintenant
 ci ils sont envie de faires la fête je leurs
 laisse plus de temps libre et maintenant
qu'on a plus à gérer les cliniques JEANNE
et JEANNETTE LE RET on reste dans nos
 locaux je pensais les transformé en ferme
CI LI CLOPE bonne idée on va donc
produit de la nourriture.Bonne idée
et de toutes façons avec les tempête
et les sécheresses on va devoir trouvé
 beaucoup plus de solution pareil on
va pouvoir placer des fabricateur
de billes d'algues maritime et aussie
1 briquerie afin de fabriquer des boîtes

d'emballage à base de sucres en tous
cas ont a pleins de projet quant je
pense qu'on aurait plus commencé
il y a 5 ans PAS FAUT MUDOUME LE RET
mais on reste très prudent sur
nos futurs investissements.

## CHAPITRE 33 P TIT DIABLE NUMÉRO 2 MALADE

OU LA Allor p'tit diable numéro 2 encore
malade bon tu reste au lit toute la matinée
pas contre pas de plage cette après-midi
hein bon je vais voir avec l'équipe ENCRENOIR
Ici ils peuvent s'occuper de toi cette après-midi.

## CHAPITRE 34 EQUIPE ANGEVIN et ÉQUIPÉE beau-GOSSES

allée les copain on va jouer on et enfin
en vacance allé OUI YURA mais on
doit d'abord allée rentrée les heures
de travailler qu'on a fait pas oui ils faut
être sérieux dans le pc central comme
ça on va enfin pouvoir respirer 1
grand coup sur tous qu'on est en
vacance pour 1 mois dont ALLON ci
BIP BIP BIP BIP BIP BIP Voilà c'est
rentrée ont peu y aller.Vous venez
l'équipe BEAU-GOSSES pas oui
vous aussie vous d'être en vacance
puisque l'auberge et fermé pour 1
mois entier allée on iva OUFFF enfin
des vacance bien mérité sa dois
faires 2 ans qu'on a pas pris de vacance
au mois d'août et oui le temps passe
vite en tous cas en peu enfin joué avec
les nouvelles consoles et les pc consoles
STOP p'tit SEBASTIEN d'abord

la dourche ensuite les calins

CHAPITRE 35 calins

OUFF ça fait du bien allée
les BEAU-GOSSES

ayyyyyy ayyyyyyy ayyyyyy ayyyyyyyyyy

en tous cas vous s'être beaucoup plus sensible
que les 2 muets qui eux sont aussie avec
nous la vache en tous cas vous
transpirez plus que nous.ARRÊTE YURA
c'est pas drôle et en plus ils sont à côté
et a fond dans leurs simulation Bon dans
2 heures les copain on mange et après
on joue a la consoles promis on vous
laisse tranquille après mangé et de
toutes façons ils faut bien vous laissez
vous repoussée 1 fois de temps en
temps. 15 minutes plus tard ALLEE
l'équipe BEAU-GOSSES on vous
laisse aller vous désinfecté on va
préparé a mangé et ensuite on ira
ce désinfecté à notre tours prenez
votre temps pas de stress y'a point S.

CHAPITRE 36 CONSOLES SUR PC

ALLEZ on va pas contre je vous
prévient on passe toutes la matinée
sur les pc consoles donc pas de triche
et de comédie hein les MUETS on
sais que vous s'être 1 peu tricher
NOUS aussie P'tit SEBASTIEN Les
BEAU-GOSSES ne sont pas en super
formes je les trouve super blanc

TA raison c'est pas trop normal BRAS
DE MÉTAL GHROUM ANUBIS
WOUAH vous 4 vous partez tous
 de suite à la clinique JEANNE LE RET
 GHROUM. MUDOUME et SÉBASTIEN LE RET
font étre content pas vous 4 en
 revanche je vous laisse l'équipe
 p'tit ange et l'équipe ANGE NOIR
en contrepartie ils vont être content
 ils n'auront pas les rapport séxuelles
 comme jouet eux au moin ils
 échappe au fessée et raglées sans justificatif


CHAPITRE 37 CLINIQUE JEANNETTE LE RET


 BON l'équipe BEAU-GOSSE je ne comprend
 toujour pas ceux qui vous amenez je vien
de vous faires passée pas mal d'examen
et j'ai simplement trouvé des kiss et des
micro-caillots de sang ça va le produit a
 tu faires son effet pas contre vous repart
 en vacance chez sa fait 1 moment
 qu'elle me pousse a bout direction
MADELEINE PALAUD pas contre pas
 de calins sur place éviter de choquer les
 gosse de numéro 1 GHROUM Voilà
comment réglés les conflits avec
MADELEINE PALAUD a oui ANUBIS
 m'a pris les équipes ANGE NOIR et
 p'tit ANGE suis je bête ENCRENOIR
en plus ils sont en vacance aussie
 GROUHM bon équipe les 5 RAPIDOS
 vous s'étre en vacance a partir de 12 h
vous prenéz les 3 p'tit diables câlins
obligatoires aver ils sont tellement
mignon.MERCIE PAPA mais vous
Aviez par RDV avec les banques.

Il est 12h GROUHM GROUHM OUFF on est en avance.

CHAPITRE 38 ACCORD AVEC LES BANQUES

OUF on vient de sortie de 19 heures
de réunion et on n'a supprimée quasiment
tous les crédits.PLOUFF j'espère pour
voir supprimée le derniers avant de
2042 et normalement on devrait pouvoir
changés tous le matérielle médical
entre temps en tous cas ça coût.CHER
de rembourser tout en 1 fois.MAIS o
moin c'est fait dont on n'en parle plus
. 3 jours plus tard OUF bon les équipe
ENCRENOIR

ANGE NOIR

P TIT ANGE et

ANGEVIN

devrait normalement reprendre leurs
service. HORMIE les 3 p'tit diables
ils part directement chez SÉBASTIEN
et BASTIEN PALAUD pour le travaille
a faire dans l'hôtel et l'auberge et oui
ils sont de la chance en tous cas
ils ne manque pas de taff

CHAPITRE 39 pénurie de composant informatique

1 problème FLAMMÈCHE OUI il y a plus
de pièces en stock et sur les sites de
vent donc pas possible pour le moment
de réparer toutes ces pièces même en
les remplaçant pas d'autres composant

ça ne fonctionne pas du tout.EN plus
ce soir je suis de garde aux sociétés
de FUSION il ya les décodeurs qui
sont en pannes je ne sais vraiment
pas quoi faires ça fait 3 semaines
que pleines de chose tombe en pannes
je passe plus de temps a faires des
réparation et des diagnostics ce soir
j'ai RDV avec ma fermme et mes
gosses-on va chez MADELEINE PALAUD
pour 1 mois je ne décroche pas mon
tél si FUSSION téléphone m'a semaines
et foutus PAS DE problème et puis il faut
que tu apprenne a le remettre en place 1
fois de temps en temps ça devrait
lui faites du bien d'être recalé.MERCIE MUDOUME.

CHAPITRE 40 mauvais temps

BON les gars ils faut qu'on s'occupe
certe il fait moche il flottes et en plus
les gens sont infernal mais la ya pas
le choix.ARRÊTÉ avec le pop-cons
vous avez déjà avalé 1 seaux entiers
de poc-cons sérieux mais les gars ce
soir , on fait une soirée cinéma. Vous
avez raison de toutes façons les 3 p'tit
Diables GHROUM WOUAH vous
ramenez des seaux de pop-cons PAPA
a dit que nous somme punir pas ce qu'on
aime pas le pop-corn. EXCELLENT
nouvelles p'tit diable numéro 1. PAS
faux YURA mais tu étais pas en train
de râler avant notre arrivée. ALLÉE
dans nos bras les 3 p'tit diables ça fait
2 mois qu'ont ne s'était pas vu en tous
cas vous grandissez super vite et en

plus vous avez enfin des cheveux
blanc. MAIS TONTON ça fait déja 8
ans qu'on a des cheveux blanc.

## CHAPITRE 41 JEUX VIDÉO

ALLEE venez ici les 3 p'tit diables
pas oui les BEAU-GOSSES vous
allez vous asseoir et les
3 p'tit diables vous aller sur leurs
genoux et non vous ne serez pas assise
sur des chaises à part. OUI tonton mais
les BEAU-GOSSES vous ne dites rien.
ILS parle.PAS OUI en tous cas à la clinique
JEANNE ou JEANNETTE LE RET on les
entend parlé certe ils parle doucement mais
ils parlent. 2 heures plus tard ALOR ILS
dorme en tous cas ils sont sûrement
trés fatigué ils sont joué pendant
2 heures sans crise de colère 1 exploits
en tous cas j'espère qu'ils resteront o
moin 1 semaines ils faut dire maintenant
on sait les gérer YURA pas faut.

## CHAPITRE 42 plage du fozo

GROUHM Allée les  3 p'tit diables
a l'eau SA VA pas tonton on et o
mois de décembre ils fait trop froid
et en plus on dois pas être malade
sinon PAPA et MAMAN font encore
nous collée 1 réglées en ce moment
ils font la méthode PALAUD et sa
claque pas mal sur les fées. MAMAN
MAMAN MAMAN LA comédie NON
BONJOUR équipé BEAU GOSSE ET
ANGEVIN MAMAN allée dans mes

bras p'tit diable numéro 2 je te
prévien tu ne rentre pas avec moi
je m'occupe de l'équipe LOUSTI 1
qui sont en grosse dépression
sévère pire que vous 3 les p'tit
diables. PÈRE mais que fait tu ici
on nous a informé que les équipes
lousti 1 et 2 sont en dépression
sévère et pourtant ils avaient
retrouvé des emplois.OUI mais
5 d'entre eux sont retombé en
dépression assez violent ils ont u
des crise d'épilepsie et des
dommages au cerveaux coup de
chance ils étais avec LK et les
mamie LE RET PALAUD COUTURIER
et MOULES dont 4 mamie et 1 mère
qui ont le pouvoir de soigner les
dommage au cerveaux et le
problème c'est que la ferme de
grand numéro 8 le tout 1 enfants
adopté du dr COUTURIER et ces
p'tit enfants sont en cours de CLOONNAGES
ces p'tit enfants on été victimes d'un attentat
la ferme de grand numéro 8 et en état de mort
cérébral la filles et les p'tit filles de LK font
tout ce qu'elle peut en plus de leurs rôles
de tantes on est mobilisé et en plus on n'a
pas mal de partient.DCD non les 3 p'tit
diables interdiction de les consommée
tous le fait que vous ne travaille pas a
ver nous de se coté là.SÉRIEUX PÈRE
mais SILENCE toutes les équipes qui
possède le pouvoir de soigner sont
mobilisé sauf l'équipes des 3 p'tit diables
et celles des 9 p'tit diables  incit que les
grand parent PALAUD qui son réquisitionné

pour s'occuper des 9 p'tit diables incite que les équipes. ANGE NOIR
KART et l'équipe ENCRENOIR qui eu s'occupe
dès auberge LES 2 JUMEAUX BOSSEAUX
PALAUD et l'hôtel PALAUD ET vaux équipes
font devoir revenir dans 2 jours lié à l'attentat.
DÉSOLÉS mais le temps joue contre nous
aller je vous laisse profiter de la plage je
dois reprendre mon services.NON les
3 p'tit diables vous avez sauvé l'équipe
de grand numéro 4 dont on ne peut pas
vous demandé à chaque opération.
MAIS MAMAN STOP vous resté
en vacance si vous tenté de vous
téléporter vous serez punit pas des
fessées déculottés v c'est claire.OUI
MAMAN bonne vacance équipe ANGEVIN
BEAU-GOSSE et les 3 p'tit diables vous
obéissez cette fois ci ATTENTION
a vaux fessée.GHROUM

CHAPITRE 43 RETOUR DES GRAND NUMÉRO 8.1 ET 8

GROUHM Wouha mais ils  c'est passer quoi
ici ils ya des QUE fait vous la suivez moi
en tous cas les p'tit filles de la fille de LK
aurais plus vous envoyés dans la cuisine
oui ATTENTAT en angleterre et en france
dont pleins de blesser sa fait 4 mois qu'ont
et en intervention la on na tu faires appelles
au 2 équipes p'tit diables pour terminer les
premier groupes de victimes SÉBASTIEN LE RET
vous attend dans son bureaux TOC TOC OUI,
Is sont revenus. MERCIE bienvenu les 2 grand
numéro 8.1 et 8 allor comment ça va MAL j ai
appris en sortant du frigos que ma femme
et mes enfants ont aussi été clonés et
que j'ai récupéré mon corps d'adolecent

en tous cas j'aurais préféré rester DCD
mais mercie quand même TU étais
atteint d'alzheimer toi et grand
numéro 8 voila pour quelque motif on
vous a cloisonné. Pas contre numéro
8.1 tes 2 équipes sont retombé en
enfance leurs société a été liquidé
totalement dont ils sont en dépression
sévère les numéro 6.7 p'tit numéro 8.10.11
et 12 et grand numéro 4 et en pleines
forme  mais super fatigué avec tous
les patients ont a u 4 ATTENTATS en
2 mois DONT 8999 PATIENTS à
soigner et à remettre sur le circuit.
SÉBASTIEN LE RET Oui MUDOUME LE RET
 on na 1 urgence de dernière minute les
3 p'tit diables sont en crisse violent

GROUHM A PAF PAF PAF HIM HIM HIM

 Pas de chance les 3 p'tit diables mais
on vous connais bon on va devoir vous
vidangés ça tombe bien on na plus de
 laves pour fabriquer des antivirus autonomes.

CHAPITRE 44 DOMAINE COUTURIER

 ghroum MAMAN MAMAN MAMAN CHUUUUUT
 bande de bébés allée dans nos bras
on vous prévient vous dorme avec nous
 et en plus vous allez avoir le droit
d'avoires des calin.MON AMOUR allée
 vien dans mes bras p'tit diable
 numéro 2 alor comme sa tu refait
des comédie tu sais qu'on va au lit
hein allez direction le lit
 LENDEMAIN

MAMAN MAMAN MAMAN CHUUUUUUT
respire MAMAN MAMAME MAMAME
CHUUUUUT MUDOUME GROUHM
Allée vien dans mes bras p'tit diable
numéro 2 MAMAN calme toi respire
tu veux rentrer MAMAN d'accord mais
c'est la fin des vacance si tu rentre
demain tu retourne au travaille
.MAMAN bon on n'y va pas contre
tu va a la sieste en arrivant
MUDOUME va être en pétard
après-toi GROUHM Mercier
SÉBASTIEN LE RET en tous
cas pas moyen de savoir ceux
qui a provoqué sa crisse.SA lui
arrive souvent en ce moment
TONTON je pense que c'est lié a
nous 2 ces frères (COMMENT) IL n'a
pas d'enfants contrairement à nous 2
et en plus il ne possède aucune chose
qui soit vraiment a lui.JE vois dont la seul
chose à quoi il se raccroche et a
MUDOUME et SÉBASTIEN LE RET
Voilà pourquoi il a été en crise cette nuit et ce matin.


CHAPITRE 45 PUNIR


AY AY Mais que fait t'il ici p'tit
diable numéro 2.IL passe 1 sale quart
d'heure. ATTEND je me joint a toi allez
ouvre la bouche p'tit diable numéro 2
SLUC SLUC.IL a fait des colére dans
l'équipe de grand numéro 4 et en plus
ils c'est bien vidé dans le grand lit de
grand numéro 4 j'ai tu allée le récupérer
en tous cas ils faut qu'on s'occupe

de ces 3 anur allée a 4 pattes p'tit diable
numéro 2 on échange de place MUDOUME
. JE Prend l'anur aver la matiéres lourd

AYYYYYYYYY AYYYYYYYY RESPITRE

 ptit diable numéro 2 la tu va dégusté (BEURK)
voilà vomir en même temps ton dîner de
 hier soir ça nous dérange pas

AYYYYY AYYYYY AYYYYYYYY AYYYYYYYY

 SEB LE RET je te laisse le 3 ème O oui
 l'amour avec la matière végétal en tous
 cas elle et de bonne qualité allée dans le
 bocal RESPIRE p'tit diable numéro 2
 (OUI MAMAN)

AYYYYYYYYYY AYYYYYYYY

Voilà c'est bientôt fini et tu va pouvoir
 aller à la sieste.MUDOUME je te laisse
 finit.PAS de problème SEB LE RET

AAAAAAAAHHHHHH

Voilà c'est fini p'tit diable numéro 2
 allée va a la sieste mais avant je te
 remets 1 couche et n'oublie pas ci ta
 envie de lâcher lâche ne te retiens pas ok.

 CHAPITRE 46 CHEZ MADELEINE PALAUD

GROUHM bon les équipe

LES 6 DIABLOTIN

les 3 p'tit ANGE

et l'équipe KART

vous rester ici 5 jours ça va
MADELEINE PALAUD et avec
sa filles et son gendre ils font
vous gardés 4 jours pas contre
vous avez le droit  de joué pas de
 téléportation à la réunion même
ci le gendre de MADELEINE PALAUD
 incit.MAIS père aucun de nous
 possède le pouvoir de téléportation
 seuils toi et MAMAN et les 3 p'tit
diables le possède ce pouvoir
être cool. PAS faut à la semaine
prochaine. MERDE les sac GROUHM
 voila elle va encore crié qu'ils ya des
pâtes et des frites mais les repas les
Les plus simples sont les meilleurs en tout cas, na.

CHAPITRE 47 GRAND PARENT PALAUD

GHROUM bon les équipes

ANGE NOIR

ENCRENOIR

LES 4 JUMEAUX MALÉFIQUE

et équipe BEAU-GOSSES

vous partez à la pèche avec
 les grand-parent PALAUD ils sont
 d'accord et puis ça vous verra tu
 bien de changer d' air MAMAN mais et

papa il en pense quoi? ILS s'occupe de
la clinique JEANNETTE LE RET et moi
je dois aller m'occuper de p'tit diable
numéro 2 et de la clinique JEANNE LE
RET donc oui c'est le bordel en ce
moment et de toutes façons il y a pa
s le choix en ce moment on n'a pas
mal de taf HIER MUDOUME a déposé
les d'équipes LES 6 DIABLOTIN les 3
p'tit ANGE et l'équipe KART

CHAPITRE 48 plage du fozo

GROUHM allée p'tit diable numéro 2
va te baigner allée GROUHM alor
comment ça va les filles ma chérie?
ALOR comment vous avez fait les
plagnint aver MUDOUME WOUAH
quelle bordel allez les filles allés jouer
avec p'tit diable numéro 2 ça va il a pris
ces médicalement dont aucune chance
qu'il tente de vous mordre ou de te frapper.
ALLEE vien grand-frère en tous cas tu
reste tranquille aujourd'hui hier tu étais
pas très sympathique. LK Rien de grave
il a fait 1 micro colère je pense que les
filles l'ont 1 peu tro distillé dont il c'est
énervé il a pas eu de chance j'étais
derrière lui (OK) GROUHM OUF
enfin tranquille les gens sont cons
ma parole ils faut leurs dit 7 fois la
même chose je t'ai mis 11 de tes partient
sous calmement ils dorment donc pas de
crisse cette nuit et t'emmerde pour 1 moment.

1 HEURE PLUS TARD

MAMAN MAMAN

 aller vien la comédie en
tous cas du a tenue 1 heure aller
 reprend toi MAMAN MAMAN NON
NON CHUUUUUT Allée vien la chuuuuut
 allée reprend toi pas contre tu tu va
allée faire la sieste pas contre
je pense qu'on va changé tes
médicalement.MINCE 18H30 allée
les filles on remonte. SÉBASTIEN
LE RET oui je le prend allée p'tit diable
 numéro 2 hum pas contre ce soi vidange
intégral pas oui ça fait 4 jours depuis la révision.


 CHAPITRE 49 MATINÉE DANS LA PISCINE DE LA VÉRANDA


 PLOUF tu reste dans la piscine p'tit diable
numéro 2 les filles et LK sont retourné
 dans leurs maisons, pas oui les filles
retournent à l'école demain après-midi.
 NON p'tit diable numéro 2 toi l'école c'est
 fini et oui tu et trés agitée en classe voilà
 pourquoi on ne te renvois plus à l'école
allez on te rejoint dans moin de 3 minutes
 pas oui ils faut qu'on aille préparé le
p'tit déjeuner et oui ils faut bien déjeuner
 le martin respire on arrive pas de comédie
 hein p'tit diable numéro 2 SÉBASTIEN LE RET
 prépare toi GROUHM PLOUFF PLOUFF
PLOUFF Calmez vous les ENCRENOIR alor
comme ça on passe ses nerfs sur des
grand-mères vous resté dans la piscine
on vient vous rejoindre pas de comédie on
 va parlé dans moin de 2 minutes pas contre
a poil allé à poil.

# CHAPITRE 50 LES 4 JUMEAUX MALÉFIQUE

GHROUM ALLEZ vous assoir sur
le canapé  es 4 jumeaux maléfique
alor comment ça on se permet des
chose avec les enfants de numéro
1 et 4 on vous la déja demandé plus
de 20 fois vous ne jouez pas au jeux
vidéo avec des mineurs 1 ils n'ont
pas forcément les capacités et en
plus vous le savez parfaitement que
vous ne devez pas joué avec les
enfants de numéro 1 et 4 ils n'ont pas
votre âgés. Hugo, Allan, Thomas et
Lucas vous allée dans la chambre
parental directement dans le lit pas 1
bruit ou 1 mot allée au lit MUDOUME
il faut qu'ont parle.JE sais ce que tu
va dit STOP on va a la plage avec
l'équipe ENCRENOIR et les 4 JUMEAUX
MALÉFIQUE a 14h30 je te
préviens on remonte avant eux il garde
p'tit diable numéro 2 quand on
revient sur la plage c'est suppositoire
d'office pour p'tit diable numéro 2 on
pars en séjour en mer au moin on sera
tranquille 4 jours au large. TA raison SEB LE RET.

# CHAPITRE 51 départ en mer

ALLEZ les gars debout p'tit diable
numéro 2 tu va dans les bras de
Hugo tu reste dans ces bras jusqu
à l'arrivée à la plage du fozo a pieds
bien entendu et a bon entendeur
l'équipe ENCRENOIR sont déjà partie
allée les rejoindre on vous apporte

le goûter dans moin de 25 minutes
OUF les voila partie en tous cas ils
semble se rendre compte de rien et
dit que les p'tit diable numéro 1 et 3
vive désormais avec leurs gosses et
mes arrières p'tit enfants.IL ne faut
rien dit a p'tit diable numéro 2 il et
trop sensible il pourrait faires des
connerie assez grave SEB LE RET
1 moment ou 1 autre il faudra lui dit la
vérité on ne pourra pas lui mentir encore
longtemps en tout cas. JE sais mais on
devra donner 1 bonne explication en
tous cas heureusement que a 1 époque
p'tit diable numéro 2 a insérer des micro-virus
a mamie FUSION heureusement qu'elle
était aide-soignant dans 1 autre vie

composition de couverture COUDRIN

DÉPÔT LÉGAL 17 OCTOBRE 2022

www.ingramcontent.com/pod-product-compliance
Lightning Source LLC
LaVergne TN
LVHW010826200726

843508LV00012B/2510